BEI GRIN MACHT SICH IHR WISSEN BEZAHLT

- Wir veröffentlichen Ihre Hausarbeit,
  Bachelor- und Masterarbeit

- Ihr eigenes eBook und Buch -
  weltweit in allen wichtigen Shops

- Verdienen Sie an jedem Verkauf

Jetzt bei www.GRIN.com hochladen und kostenlos publizieren

Bibliografische Information der Deutschen Nationalbibliothek:

Die Deutsche Bibliothek verzeichnet diese Publikation in der Deutschen National-bibliografie; detaillierte bibliografische Daten sind im Internet über http://dnb.d-nb.de/ abrufbar.

Dieses Werk sowie alle darin enthaltenen einzelnen Beiträge und Abbildungen sind urheberrechtlich geschützt. Jede Verwertung, die nicht ausdrücklich vom Urheberrechtsschutz zugelassen ist, bedarf der vorherigen Zustimmung des Verlages. Das gilt insbesondere für Vervielfältigungen, Bearbeitungen, Übersetzungen, Mikroverfilmungen, Auswertungen durch Datenbanken und für die Einspeicherung und Verarbeitung in elektronische Systeme. Alle Rechte, auch die des auszugsweisen Nachdrucks, der fotomechanischen Wiedergabe (einschließlich Mikrokopie) sowie der Auswertung durch Datenbanken oder ähnliche Einrichtungen, vorbehalten.

Impressum:

Copyright © 2017 GRIN Verlag, Open Publishing GmbH
Druck und Bindung: Books on Demand GmbH, Norderstedt Germany
ISBN: 9783668535114

Dieses Buch bei GRIN:

http://www.grin.com/de/e-book/373641/wie-unser-gewissen-unsere-entscheidungen-beeinflusst-funktionsweise-des

Clara Wiener

Wie unser Gewissen unsere Entscheidungen beeinflusst. Funktionsweise des Gewissens nach Immanuel Kant

GRIN Verlag

GRIN - Your knowledge has value

Der GRIN Verlag publiziert seit 1998 wissenschaftliche Arbeiten von Studenten, Hochschullehrern und anderen Akademikern als eBook und gedrucktes Buch. Die Verlagswebsite www.grin.com ist die ideale Plattform zur Veröffentlichung von Hausarbeiten, Abschlussarbeiten, wissenschaftlichen Aufsätzen, Dissertationen und Fachbüchern.

Besuchen Sie uns im Internet:

http://www.grin.com/

http://www.facebook.com/grincom

http://www.twitter.com/grin_com

**Wie unser moralisches Gewissen unsere Entscheidungen beeinflusst
am Beispiel Immanuel Kants inneren Gerichtshof**

**Facharbeit im Fach Ethik
am Gymnasium**

vorgelegt von

Clara Wiener

im Schuljahr 2016/17

Inhaltsverzeichnis

1 Einleitung 1

   1.1 Wer ist Immanuel Kant? 1

      1.1.1 Kants Wirken auf die Gesellschaft 3

2 Definition des Gewissens 5

3 Funktionsweise des Gewissens 6

   3.1 Die Arten des Gewissens und seine Mitarbeiter 10

   3.2 Funktionsweise des Gewissens nach Immanuel Kant 12

   3.3 Aktueller Forschungsstand 15

4 Fazit 19

Quellen- und Literaturverzeichnis 20

1 Einleitung

„Es wohnt in uns ein kleiner Geist als Beobachter und Wächter über unsere guten und schlechten Taten."[1] In jedem von uns haust es, verfolgt uns Schritt für Schritt und Tag für Tag. Und oft wir können froh sein, dass wir es haben. Unser Gewissen.

Für diese Facharbeit werde ich folgendermaßen vorgehen: Zuerst werde ich in Form einer kurzen Biographie das Leben von Immanuel Kant vorstellen. Danach werden wir Kant näher kennenlernen, Bezug auf die damalige Zeit nehmen, wie er als private Person lebte und wie sich dies auf die Gesellschaft auswirkte. Anschließend folgt eine allgemeine Definition des Gewissens und daraufhin werde ich erklären, wie unser Gewissen funktioniert, welche Faktoren dabei eine Rolle spielen, welche Arten es gibt und in Form von Metaphern veranschaulichen, welche „Mitarbeiter" dem Gewissen zur Seite stehen. Im Anschluss daran leite ich einen direkten Vergleich zu Kants Sichtweise zum moralischen Gewissen her. Infolgedessen werde ich den aktuellen Forschungsstand der Moralpsychologie und Neurologie vorstellen und wie diese beiden Bereiche im Bezug zueinander stehen. Abschließend erläutere ich mein persönliches Fazit.

Mein Ziel ist es, mit dieser Facharbeit die Frage, wie unser moralisches Gewissen unsere Entscheidungen beeinflusst, zu analysieren.

1.1 Wer ist Immanuel Kant?

Ein kleiner Mann sitzt in seinem dunklen, vollgestellten Studierzimmer und philosophiert über die große, weite Welt, und über sie hinaus nach.

Es war der Morgen des 22. Aprils 1724, als der kleine Immanuel, das vierte Kind des Johann Georg Kant, Königsberger Riemermeister, und seiner Frau Anna Regina, das Licht der Welt erblickte. Der Name Immanuel wurde ihm aufgrund des alten preußischen Kalenders gegeben, da der Tag seiner Geburt der des heiligen Emanuel war und so viel wie „Gott mit uns" bedeutet.[2] Kant wuchs während seiner Kindheit mit seinen 4 Geschwistern in einem sehr pietistisch geprägten Elternhaus auf, weshalb man sich nicht wundern müsste, warum seine Eltern den Wunsch hatten, dass Kant später einmal Pastor werden sollte.[3] Außerdem hatte er eine sehr enge Bindung zu seiner Mutter, die alles für das physische und psychische Wohlbefinden ihres Sohnes

---

[1] Anderson, Katja : Leben leben, Ernst Klett Verlag GmbH , Stuttgart 2012, S. 10.
[2] Gulyaga, Arsenij: Immanuel Kant: Eine Biographie. Frankfurt am Main 2004, S. 20.
[3] ebenda, S. 22.

gab, da sie in der Zeit schon zwei Kinder verloren hatte. Der junge Knabe war von schwächlicher Gesundheit und wurde oft krank.[4] In späteren Jahren, als seine Mutter schon lange Zeit verstorben war[5], meinte er: „Ich werde meine Mutter nie vergessen; denn sie pflanzte und nährte den ersten Keim des Guten in mir, sie öffnete mein Herz den Eindrücken der Natur; sie weckte und erweiterte meine Begriffe und ihre Lehren haben einen immerwährenden, heilsamen Einfluß auf mein Leben gehabt."[6] Anna Regina legte ebenfalls großen Wert auf Bildung und Förderung, weshalb Kant als Kind schon eine große Reichweite an Allgemeinbildung vorwies.[7]

Als Kind ging er auf eine Armenschule, da seine Eltern nicht viel Geld hatten, später aber kam er dann an das Friedrichkollegium. Die Schule begann jeden Tag um sechs Uhr morgens und endete um 16 Uhr am Nachmittag. Kant sah die viel verbrachte Zeit mit Lernen und die dadurch geringe Freizeit nicht als belastend, denn schon als Kind war er außerordentlich ehrgeizig und lernte gern dazu. Außerdem bemerkte man des öfteren, dass er sehr verträumt und nachdenklich war, was der spätere Philosoph von seiner Kindheit bis zu seinem Tod charakteristisch beibehielt.[8]

Im Laufe seiner Jugend begann er, sich nach und nach für Physik, Philosophie und Philologie zu interessieren. Dank seines Fleißes, welchen er wahrscheinlich von seinem Vater geerbt hatte, kam Kant bereits mit 16 Jahren an die Königsberger Albertus-Universität, wo er beispielsweise Philosophie, klassische Naturwissenschaften, Physik und Mathematik studierte.[9]

1746 musste er sein Studium allerdings abbrechen, da sein Vater starb und er nun keine finanzielle Unterstützung mehr erhielt. Daraufhin begann er als Hauslehrer zu arbeiten und gab Privatvorlesungen, womit er sich seinen Lebensunterhalt verdienen konnte.[10]

Als er genug Geld angespart hatte, nahm er 1754 sein Studium wieder auf und wurde schließlich Privatdozent in Fächern wie Logik, Metaphysik, Moralphilosophie, Mathematik, Mechanik, Pädagogik und Naturrecht.[11] Er stellte verschiedenste Thesen und Vermutungen auf und beschäftigte sich, als er rund 40 Jahre alt war, weniger mit der Natur und mehr mit dem Menschen. Seine Aufmerksamkeit wandte er in diesen ruhigen Stunden zur Psyche des Menschen hin.[12] 1781 veröffentlichte Kant eine seiner berühmten Schriften: „Kritik der reinen Vernunft".[13]

---

[4] Gulyga, Arsenij: Immanuel Kant: Eine Biographie. Frankfurt am Main 2004, S.21.
[5] sie starb als er 13 Jahre alt war
[6] Gulyga, Arsenij: Immanuel Kant: Eine Biographie. Frankfurt am Main 2004, S.21.
[7] ebenda, S.20ff.
[8] ebenda, S. 22.
[9] Biorafie - Immanuel Kant, URL: http://immanuel-kant.net/biografie (Stand 04.02.2017).
[10] Immanuel Kant (1724 – 1804) – Steckbrief & Biographie,
URL: https://freie-referate.de/geschichte/immanuel-kant-1724-1804-steckbrief-biographie (Stand: 04.02.2017).
[11] Biografie - Immanuel Kant, URL: http://immanuel-kant.net/biografie (Stand: 04.02.2017).
[12] Immanuel Kant Philosophie Doku 3satde (03.06.2014), URL: https://youtu.be/3SxCDNSJwNU (Stand: 07.12.2016).
[13] Kritik der reinen Vernunft, in: Wikipedia, Die freie Enzyklopädie (24.11.2016),

1793 erhielt er Lehrverbot vom preußischen König Friedrich Wilhelm II aufgrund der Veröffentlichung seiner Schrift „Die Religion innerhalb der Grenzen der bloßen Vernunft", welche, wie viele seiner Schriften, nicht mit der Bibel vereinbar waren.[14]

In den folgenden Jahren, als er ins Alter kam, sah sein Alltag immer gleich aus, er verbrachte seine Tage stundenlang in seinem Studierzimmer und sah einzig und allein nur noch Arbeit, Arbeit, Arbeit. Er stand gegen fünf Uhr morgens auf und ging um 22 Uhr wieder schlafen. Dennoch gehörte ein täglicher Spaziergang und das Mittagessen mit Freunden stets dazu.[15] Oft verglich er sich mit einem Seiltänzer, der jahrelang auf dem Drahtseil des Lebens sein Gleichgewicht hielt, ohne jemals nach rechts oder links zu weichen.[16] Immanuel Kant starb mit 78 Jahren am 12. Februar 1804 in seiner lebenslangen Heimatstadt Königsberg.[17]

1.1.1 Kants Wirken auf die Gesellschaft

Kant war von froher Natur und „sein Denken schweifte über Kontinente, überschritt die Grenzen der Erde, um ans äußerste Ende des Universums zu stoßen."[18]

Er war der typische Philosoph, der für alles eine Antwort zu suchen schien. Erkenntnisse gewinnen, Erklärungen finden, Unverständliches analysieren und begreifen.

Immanuel Kant war der Philosoph der Aufklärung, welche für ihre sogenannte „geistige Bewegung" bekannt ist, denn als „Heilmittel gegen alle sozialen Missstände sieht die Aufklärung in der Verbreitung von Wissen."[19] Das Streben nach mehr und mehr Wissen, Kenntnis, Gewissheit, Bildung und Fortschritt prägten die Zeit ungemein. Diese Zwecke forderten die Besserung des Menschen. Kant erfüllt hierbei diese Ideale ganz und gar und trug seinen Teil dazu bei, indem er die Ideen der Vernunft, Toleranz und die des Weltbürgertums in Deutschland verbreitete, welche er von französischen und britischen Philosophen übernahm.[20]

Jedoch kritisierte Kant, dass das Leben der Menschen ausschließlich auf Gehorsamkeit und Glaube basierte, was sich jedoch nicht zu vermeiden lassen schien, da in der Aufklärung der

---

URL: https://de.wikipedia.org/wiki/Kritik_der_reinen_Vernunft#Entstehungsgeschichte (Stand: 04.02.2017).

[14] Biografie - Immanuel Kant, URL: http://immanuel-kant.net/biografie (Stand: 04.02.2017).

[15] ebenda

[16] Immanuel Kant Philosophie Doku 3satde (03.06.2014), URL: https://youtu.be/3SxCDNSJwNU (Stand: 07.12.2016).

[17] Biografie - Immanuel Kant, URL: http://immanuel-kant.net/biografie (Stand: 04.02.2017).

[18] Gulyga, Arsenij: Immanuel Kant: Eine Biographie. Frankfurt am Main, 2004, S.7.

[19] ebenda, S. 15.

[20] Zeitalter der Aufklärung, URL: http://immanuel-kant.net/philosophie-werke/zeitalter-der-aufklaerung (Stand: 07.12.2016).

absolutistische König herrschte. Die Menschen seien zu naiv, würden nur das glauben, was in der Bibel steht und nicht an das, was sie selbst herausfinden. Kants Definition der Aufklärung lautet also so: „Aufklärung ist der Ausgang des Menschen aus seiner selbst verschuldeten Unmündigkeit."[21] Doch warum war die Gesellschaft zu mutlos und zu zaghaft, allein etwas zu enthüllen oder zu entdecken? Die Antwort liegt ganz nahe - Bequemlichkeit. Sie müssten sich keine Mühen machen, sich nicht rechtfertigen.[22] Außerdem war es sehr viel wichtiger, arbeiten zu gehen und die Familie zu versorgen. Daraufhin forderte Kant: „Sapere aude!" - „Habe Mut, dich deines eigenen Verstandes zu bedienen!"[23] Diese Anweisung wurde anschließend zum Leitspruch der Aufklärung und die Aufklärer wollten das Bürgertum demnach zum Selbstdenken bewegen. Isaac Newton stellte zusätzlich die symbolische Regel, dass die Wissenschaft für jeden offen stehe, auf.[24]

Interessant ist auch zu sehen, wie das moralische Gewissen der Menschen zur Zeit der Aufklärung von immer größerer Bedeutung wurde. Es heißt, dass, „der Mensch der Aufklärung (…) nicht nur über sich selbst (nachdenkt), sondern auch über die anderen, über seinen Ort in der Gesellschaft."[25] Hier beginnt die Suche nach dem menschlichen Gewissen, denn nun denkt die Bevölkerung genauer über die Folgen ihres Tuns und den Nutzen für sie selbst und ihr Umfeld nach.

Wie schon mehrfach erwähnt, gab das ständige Grübeln und Philosophieren über jegliche Dinge die Form von Kants Leben. Seine Schüler werden bei ihm „keine Philosophie lernen, sondern philosophieren, keine Gedanken nachsprechen, sondern denken."[26] Bei dieser Aussage wird deutlich, dass Selbstständigkeit, Selbstdenken und Selbstforschen in Kants Lehrstunden zweifellos vordergründig waren.

Viele seiner Zuhörer behaupteten, dass er ein Redner mit Gefühl und Herz, aber zugleich auch sachlich und kompetent sei. Ihm lag viel daran, dass die Leute, die seinen Reden aufmerksam folgten, auch wirklich etwas mitnehmen können und hatte deswegen eine sehr verständliche und unakademische Redeweise. Schlussendlich verließen die Zuhörer den Raum mit einem „gewordenen Besser-Sein".[27]

---

[21] Immanuel Kant 1724 - 1804, URL: http://www.dhg-westmark.de/immakant3.html (Stand: 08.02.2017).
[22] Religionskritik der Aufklärung und ihre Folgen, URL: http://www.dober.de/religionskritik/kant.html (Stand: 08.02.2016).
[23] Hähnel, Silvia: Das Zeitalter der Aufklärung: Der Glaube an die Vernunft, URL: https://www.helles-koepfchen.de/artikel/2862.html (Stand: 08.02.2017).
[24] Zeitalter der Aufklärung, URL: http://immanuel-kant.net/philosophie-werke/zeitalter-der-aufklaerung (Stand: 18.02.2017)
[25] Gulyga, Arsenij: Immanuel Kant: Eine Biographie. Frankfurt am Main, 2004, S. 15.
[26] Immanuel Kant Philosophie Doku 3satde (03.06.2014), URL: https://youtu.be/3SxCDNSJwNU (Stand: 07.12.2016).
[27] ebenda

Obwohl er Königsberg nie wirklich verlassen hatte, unternahm er in den vielen ruhigen Stunden, in denen er allein an seinem Schreibtisch saß, „innere Reisen", wie er es nannte. Seine kleine Existenz als schmächtiger Mann in seiner kleinen Provinz und unter Millionen von Menschen auf der Welt war ihm völlig bewusst, dennoch fordere Kant mit diesen „inneren Reisen" die absolute Erweiterung seines Bewusstseins: Unerklärbares erklären, Unfassbares fassen. Er war der vollkommene Herr über sich selbst, seines eigenen Ichs.[28]

„Alle, die Kant persönlich gekannt haben, sagen, dass er gesellig und aufgeschlossen war. Er hatte viel zu tun und liebte seine Arbeit, wusste aber auch von anderem. Er konnte sich entspannen und zerstreuen, verband tiefe Gelehrsamkeit mit weltmännischem Charme."[29]

Zwar hatte er nie eine Frau - dafür hätte der zu beschäftigte Philosoph ohnehin keine Zeit gehabt -, trotzdem hatte er wohl viele Freunde. Kant schätzte die Freundschaft sehr und stellte sie über die Liebe. Seine Freunde würdigten ihn für die geistreichen und temperamentvollen Gespräche - zum Beispiel bei dem täglichen Zusammensein am Mittagstisch - als „Seele der Gesellschaft."

Kant hatte die Freundschaft schon immer gesucht, glaubte eine zeitlang sie gefunden zu haben, aber in der Realität traf er nie jemanden, der seine speziellen, weitreichenden Interessen durch und durch geteilt hätte.[30]

2 Definition des Gewissens

„Das Gewissen ist eine Norminstanz,... das heißt, die zuständige Stelle im Menschen, die unser Handeln an einer Richtungsschnur misst."[31]

Es ist unser moralisches Gewissen, welches unsere Entscheidungen beeinflusst. Denn bei Entscheidungen existiert nicht nur ein „ja" oder ein „nein". Vielmehr geht es wohl um das darüber Nachdenken und sich mit der Situation auseinanderzusetzen.[32] Zur Hilfestellung steht hierbei das Gewissen an erster Stelle. Wenn wir eine wichtige Entscheidung treffen müssen, findet sofort automatisch ein innerer Konflikt in uns statt, ohne, dass wir es bewusst merken. Allgemein lässt sich also sagen, dass unser Gewissen der zentrale Ort unserer Entscheidungen ist.

Es fordert uns außerdem auf, moralisch zu handeln und den absoluten Unterschied zwischen gut und böse zu finden. Sein Ziel ist es, dafür zu sorgen, dass man sich wie der Mensch zu verhalten hat, der man gern sein möchte.

---

[28] ebenda
[29] Gulyga, Arsenij: Immanuel Kant: Eine Biographie. Frankfurt am Main, 2004, S. 72.
[30] ebenda, S. 73.
[31] Anderson, Katja : Leben leben, Ernst Klett Verlag GmbH , Stuttgart 2012, S. 10.
[32] Frank Ochmann: Die gefühlte Moral. Berlin, 2008, S. 54.

Darüber hinaus spielt es gesellschaftlich gesehen ebenfalls eine bedeutende Rolle. Es trägt dazu bei, Ordnung und Frieden unter den Menschen zu erhalten und für eine tolerante Atmosphäre auf der Welt zu sorgen.

3 Funktionsweise des Gewissens

Nun stellt sich die große Frage: Wie funktioniert überhaupt unser Gewissen? Welche Arten von Gewissen gibt es und in welchen Situationen tritt es zum Vorschein?

Zuerst liegt eine gewisse allgemeine Unterteilung unseres Gewissens vor. In jedem von uns steckt das sogenannte „Urgewissen", das uns angeboren ist und uns im Wesentlichen zwischen Gut und Böse unterscheiden lässt. Das Gute ist zu tun, das Böse zu unterlassen.[33] Wenn wir als Kleinkind oft in Versuchung verfielen, uns heimlich zum Süßigkeitenschrank zu begeben, obwohl wir genau wussten, dass das Ärger von Mama und Papa geben würde, dann wussten wir dennoch zu unterscheiden, dass das böse ist, wenn wir es tun würden, und gut ist, wenn wir unserer Versuchung widerstehen und es sein lassen würden. Das ist ein einfaches Beispiel dafür, dass schon immer eine gewisse Moral in uns gesteckt hat.

Später entwickeln wir das „vorpersonale Gewissen." In der Zeit werden unsere Entscheidungen, die wir langsam immer selbstständiger treffen müssen, noch geprägt von unserer jahrelangen Erziehung, unserer Kultur, der aktuellen politischen und gesellschaftlichen Situation und unseren Mitmenschen.[34]

Als erwachsener Mensch erreicht uns das „personale Gewissen." Von nun an genießen wir unsere persönliche Entscheidungsfreiheit, die individuell von den unterschiedlichsten Faktoren geprägt sein kann.[35] Doch dazu später.

Da diese Unterteilung für viele Psychologen und Philosophen natürlich viel zu oberflächlich und allgemein ist, versuchten sie im Laufe der Zeit, den genauen Ablauf zu erforschen, wie und in welchem Alter wir unser Gewissen entwickeln. Der amerikanische Psychologe und Erziehungswissenschaftler Lawrence Kohlberg stellte im letzten Jahrhundert eine Theorie der Moralentwicklung auf. Diese beschreibt drei große Ebenen, die jeweils zwei Stadien umfassen.

---

[33] Maksan, Oliver: Stimme Gottes oder des Ichs? (04.02.2011), URL: https://de.zenit.org/articles/stimme-gottes-oder-des-ichs/ (Stand: 10.01.2017).
[34] Grundwissen Ethik 9. Klasse, URL: http://goneu.tcs.ifi.lmu.de/facher/ethik/dateien/grundwissen_ethik_9_111286535454_0.pdf (Stand: 26.01.2017).
[35] ebenda

Präkonventionelle Ebene

1. Stadium: Orientierung an Strafe und Gehorsam

Im ersten Stadium der Gewissensbildung befinden sich Kinder bis zum neunten Lebensjahr. Als Kinder haben wir Regeln befolgt, um Strafen zu entgehen oder sogar belohnt zu werden.[36]

2. Stadium: Orientierung an individuellen Bedürfnissen und bewusste Gegenseitigkeit

Hier erkennen Kinder, dass richtiges Handeln eigene Bedürfnisse -mitunter auch die von anderen-befriedigt. Sie lernen, was Fairness bedeutet, gerecht zu teilen und einander gerecht zu sein. Zur Gegenseitigkeit gehört außerdem Rache, welche demzufolge eine ebenfalls wichtige Rolle im Zusammenleben spielt.[37]

Konventionelle Ebene

3. Stadium: Orientierung an anderen Menschen

Jugendliche und auch noch viele junge Erwachsene werden vom Handeln und Verhalten ihrer Mitmenschen beeinflusst. Stehen wir als junger Mensch vor einer wichtigen Entscheidung, so suchen wir uns automatisch und im Unterbewusstsein Hilfe dadurch, dass wir darüber nachdenken, welche Meinung die uns nahestehenden Personen, wie zum Beispiel Mutter, Vater, bester Freund, hätten und wie diese wohl handeln würden.[38]

4. Stadium: Orientierung an Rechten und Gesetzen

In diesem Stadium sind unsere Entscheidungen vor allem von herrschenden Regeln und dem Erhalten einer sozialen Ordnung geprägt. Wir handeln moralisch, verhalten uns respektvoll, um das Funktionieren einer friedlichen Gesellschaft zu ermöglichen.[39]

---

[36] Stufen der moralischen Entwicklung nach Lawrence Kohlberg, URL: http://paedpsych.jk.uni-linz.ac.at/INTERNET/ARBEITSBLAETTERORD/ENTWICKLUNGORD/KohlbergModell.html (Stand: 26.01.2017).
[37] ebenda
[38] Kohlbergs Theorie der Moralentwicklung, in: Wikipedia, Die freie Enzyklopädie (11.11.2016), URL: https://de.wikipedia.org/wiki/Kohlbergs_Theorie_der_Moralentwicklung (Stand: 26.01.2017).
[39] Eigenverantwortung als Voraussetzung für die Realisierung von Erwartungen (28.05.2005), URL: http://www.zum.de/Faecher/Eth/SA/stoff8/kohlberg.htm (Stand: 26.01.2017).

Postkonventionelle Ebene

5. Stadium: Orientierung an der gesellschaftlichen Nützlichkeit

Im Laufe unseres Lebens werden für uns das Allgemeinwohl der Gesellschaft sowie soziale Werte immer bedeutsamer. Im fünften Stadium unserer Gewissensbildung heißt es, dass wir unsere individuellen moralischen Prinzipien in den Hintergrund stellen. Man befolgt „sittliche Gesetze", die nirgendwo geschrieben stehen, dennoch wichtig für ein friedliches Zusammenleben sind. Nach Kohlberg würden diese Stufe nur etwa ein Viertel der Menschen erreichen.[40]

6. Stadium: Das Stadium der universalen ethischen Prinzipien

Das letzte Stadium sollen lediglich weniger als fünf Prozent der Menschen erreichen. Es beinhaltet nicht mehr konkrete moralische Regeln und Normen, vielmehr wählen wir eigene ethnische Prinzipien, die Werte wie Gerechtigkeit, Gleichheit, Gegenseitigkeit und die Achtung der Würde des Menschen als Individuum. Zusammenfassend beschäftigen wir uns intensiv mit den Folgen unseres Tuns.[41]

Jetzt haben wir viel von moralischen Entscheidungen gehört, aber was ist denn überhaupt Moral? Wenn wir von Moral sprechen, geht es um „ein soziales Instrument, das der Gesellschaft als ganzer zur Lenkung des Einzelnen und kleinerer Gruppen dient."[42] Aber wann tritt sie -oder unser moralisches Gewissen- zum Vorschein? Meist geschieht das unbewusst, aber tatsächlich setzt unser Gewissen immer dann ein, wenn wir Entscheidungen treffen müssen, uns Meinungen über Personen bilden, Handlungen planen oder beobachten. Wir können uns zu dieser Gelegenheit das kleine Engelchen und das Teufelchen auf unserer rechten und linken Schulter vorstellen. Oft wird dies in Filmen verwendet, um den inneren moralischen Konflikt hervorzuheben. Diese kleinen Figuren geben uns also den Rat, was man tun soll und was man zu unterlassen hat. Folgende Situation: Wir sind gerade auf dem Nachhauseweg und stehen an einer Ampel, von der wir aus Erfahrung wissen, dass sie nur sehr kurz Rot bleibt und die Autofahrer es zur Feierabendzeit äußerst eilig haben. Neben uns steht eine zierliche alte Frau mit Rollator, beladen mit schweren Einkäufen. Unser Engelchen auf unserer linken Schulter sagt uns, dass sie es in der kurzen Zeit auf keinen Fall auf die andere Straßenseite schaffen wird und wir ihr helfen müssen. Das kleine rote Teufelchen auf unserer rechten Schulter hingegen fordert uns auf, so zu tun, als würden wir die kleine Frau gar nicht sehen, vorbei zu gehen und die nächste Ampel zu nehmen. Es wäre

---

[40] Kohlbergs Theorie der Moralentwicklung, in: Wikipedia, Die freie Enzyklopädie (11.11.2016), URL: https://de.wikipedia.org/wiki/Kohlbergs_Theorie_der_Moralentwicklung (Stand: 26.01.2017).
[41] ebenda
[42] Frank Ochmann: Die gefühlte Moral. Berlin, 2008, S. 58.

schließlich schon spät und eilig haben wir es auch. Wir würden nichts falsch machen, und könnten ja nichts dafür, wenn wir es nicht gesehen haben. Doch ist Unbeteiligtheit tatsächlich der richtige Ausweg? Oder wäre damit das schlechte Gewissen schon vorprogrammiert? Nun stellen wir uns aber vor, wir vertrauen unserem Engelchen und nehmen der Frau die zwei Einkaufstüten ab und helfen ihr über die Straße. In dem Moment haben wir moralisch richtig gehandelt, denn wir Menschen beurteilen Helfen automatisch als moralisch richtig und haben danach ein gutes Gefühl.

Genau so kann man die zentrale, hauptsächliche Funktion unseres Gewissens formulieren. Es gibt uns einen, für die Folgen einer Entscheidung oder Handlung, bedeutenden Rat. Wenn wir diesen befolgen, ist unsere Entscheidung moralisch richtig.

Ein weiterer Aspekt des moralischen Handelns ist das *darüber Nachdenken*. Wenn wir an das Thema Folter denken, würden wir im ersten Moment sofort sagen, dass Folter verboten werden müsse, denn wir wollen schließlich moralisch sein. Allerdings werden wir uns im zweiten Moment -in dem wir *darüber nachdenken*- bewusst, dass in besonders schlimmen Fällen Ausnahmen möglich wären.[43]

Tatsächlich ist unser Gewissen immer bei uns, wenn der Schalter unseres Bewusstseins auf „ON" steht. Das geschieht tagtäglich, außer wenn wir schlafen.[44]

„Mit dem Gewissen kann man nicht Versteck spielen oder Geschäfte machen. Es lässt sich auch nicht einschläfern, früher oder später meldet es sich und verlangt Antwort."[45]

Wenn es also zu jedem Zeitpunkt bei uns sein soll, aus welchem Grund schickt es uns dann nur gelegentlich Signale und Ratschläge? Die Frage lässt sich leicht beantworten, denn der Ausgangspunkt des Einsatzes unserer inneren Stimme sind wir selbst. Wir Menschen mit einem inneren und individuellen Konflikt. Wir sind uns selbst ein Rätsel, welches gelöst werden muss. Wir tragen eine bestimmte Last mit uns herum, sind ratlos, verzweifelt und hilflos. Vielleicht haben wir auch bestimmte Wünsche und Träume, die wir uns nicht ohne bestimmte Voraussetzungen erfüllen können. Solche Tiefpunkte, schlaflose Nächte oder Bedürfnisse unseres Lebens stehen oft in Verbindung mit unserer Familie, unseren Freunden, unserem Arbeitsplatz oder mit Unzufriedenheit mit uns selbst. „Es ist der Mensch, der in sich selbst eingesperrt, zusammengesunken ist, immer wieder Ausbruchsversuche aus dem Käfig seines Inneren macht - jedoch ohne Erfolg."[46]

Das Teufelchen und das Engelchen können also immer und überall erscheinen, denn das, was unsere Mitmenschen tun, können wir nicht steuern. Ganz richtig, die Menschen, die uns sehr nahe stehen oder sogar Fremde haben einen erheblichen Anteil an unserem Handeln und Denken. Vom

---

[43] ebenda, S. 54.
[44] ebenda, S. 44.
[45] Gulyga, Arsenij: Immanuel Kant: Eine Biographie. Frankfurt am Main 2004, S. 190.
[46] Kner, Anton: Gewissensbildung heute. Freiburg i. Br., 1970, S. 6.

ersten Moment unseres Lebens an nehmen wir einander wahr und im Laufe unseres Lebens gehen wir auf andere ein, unternehmen viel miteinander und machen uns so einander abhängig. Schon allein deswegen überlegen wir uns bei Entscheidungen genau, ob diese eine schlechte Folge für unser Umfeld mit sich bringen könnte. Denn damit würden wir uns wiederum selbst schaden.[47] Wir Menschen sind keine Einzelgänger, wir können nicht ohne die anderen leben. Versetzen wir uns für einen Augenblick in die Lage eines kleinen Jungen, der Profifußballer werden möchte. Sofort würden wir es verstehen, wenn dieser den großen Wunsch hätte, später einmal der beste Fußballer der Welt, bejubelt, verehrt und selbst ein großes Idol zu sein. Anderseits würde es für uns überaus absurd und unbegreiflich scheinen, wenn dieser kleine Junge den Traum hat, der absolut einzige Fußballer der Welt zu sein. „Denn erst der Vergleich mit anderen, auch der Wettstreit, verliehen der eigenen Leistung den Wert, der uns stolz machen könne und glücklich."[48] Ohne die Anderen verlieren Dinge ihren eigentlichen Wert und ihre Definition.

3.1 Die Arten des Gewissens und seine Mitarbeiter

Wenn wir den Begriff „Gewissen" hören, so denkt zweifellos die Mehrheit sofort an das schlechte Gewissen. Das ist durchaus nachvollziehbar, denn im Alltag hören wir -egal ob im TV oder in unserem Umfeld- nur zu oft den Satz: „Jetzt habe ich ein schlechtes Gewissen!". Leider sind sich nur die Wenigsten darüber bewusst, dass es vielerlei Arten von Gewissen gibt, denn das Gewissen ist eine emotionale Reaktion auf bestimmte Handlungen, die logischerweise unterschiedlich aussieht.[49]

Doch betrachten wir zuerst das allbekannte *schlechte Gewissen*.[50] Wenn wir unsere innere Stimme hören, dann ist das meist, wenn wir diese zwickenden Gewissensbisse fühlen. Wir möchten es am liebsten umgehen, denn dieses Gefühl ist wohl alles andere als angenehm und könnte uns einige Tage und Nächte quälen. Meistens tritt es zum Vorschein, wenn wir eigene Erwartungen, die wir uns selbst gestellt haben, oder die des Umfelds nicht eingehalten haben. Danach überfallen uns Schuldgefühle, wir machen uns Vorwürfe und sind enttäuscht von uns selbst.[51] Beispielsweise sind wir im Urlaub und ein guter Freund bat uns, ihm eine ganz bestimmte antike Vase aus dem Laden unseres Urlaubsortes mitzubringen, da es diesen Laden wirklich nur dort gibt. Nach zwei

---

[47] Frank Ochmann: Die gefühlte Moral. Berlin, 2008, S. 102.
[48] Frank Ochmann: Die gefühlte Moral. Berlin, 2008, S. 104.
[49] Gewissen, URL: http://www.psychologie-studieren.de/glossar/gewissen/ (Stand: 18.02.2017).
[50] Anderson, Katja : Leben leben,Stuttgart 2012, S. 12.
[51] Schlechtes Gewissen: Wie Pflichtbewusstsein blockiert,
URL: http://karrierebibel.de/schlechtes-gewissen/ (Stand: 17.02.2017).

Wochen Urlaub sitzen wir erholt im Flugzeug nach Hause und plötzlich fällt uns ein, dass wir die Vase vergessen haben. Sofort werden wir von unserem schlechten Gewissen überfallen und sind unglaublich sauer auf uns selbst. Bei diesem Beispiel haben wir unsere eigene Erwartung - das Versprechen an unseren Freund einzuhalten - und die unseres Freundes nicht erfüllt.

Dennoch gibt es Typen des Gewissens, die uns ein gutes Gefühl geben und die wir sogar anstreben. Eines davon ist das *reine Gewissen*.[52] Wie die meisten Gewissensarten meldet es sich erst nach der Handlung, aber das besondere ist hierbei, dass es nur dann erreicht wird, wenn wir diese Handlung noch einmal *überprüft* haben.

Eine außerdem sehr wohltuende Gewissensart ist das *ruhige Gewissen*.[53] Dieses tritt meistens vor der Handlung oder zu Beginn der Handlung zum Vorschein. Man ist sich sicher, dass man die richtige Entscheidung getroffen hat und vernünftig handeln wird. Das gibt allerdings keine Garantie darauf, dass man am Ende noch immer das ruhige Gewissen hat.

Die vierte Art kann lediglich ein kleiner und ganz bestimmter Anteil unserer Gesellschaft erreichen. Das *ärztliche Gewissen*.[54] Dieses bezieht sich auf den hippokratischen Eid, welcher besagt, dass sich ein jeder Arzt dazu verpflichten muss, die ärztliche Schweigepflicht einzuhalten, mit allen Mitteln, die ihm zur Verfügung stehen, seinen Patienten zu helfen, heilen und Leben zu schützen.[55]

Leider lebt zugleich ein Teil der Menschen auf unserer Erde, der gewissenlos ist. Diese Menschen haben *kein Gewissen*.[56] Nun fragt man sich, wer kann kein Gewissen haben und wie kann es dazu kommen? Dazu existiert eine gewisse Grundregel: „Gewissenlos handelt, wer wissentlich einen Schaden anderer in Kauf nimmt, um einen persönlichen Nutzen daraus zu ziehen, der im Vergleich zum Schaden als geringfügig erkennbar ist."[57] Nicht zufällig definiert Google den Begriff „gewissenslos" als „kalt und skrupellos." Nicht selten sitzen wir vor dem Fernseher und erfahren über die Nachrichten unglaublich grausame Dinge, urteilen automatisch über diese kriminellen Verbrecher, Mörder, machtsüchtigen Politiker und Psychopathen und fragen uns, ob diese Personen überhaupt ein winziges Vorhandensein des Gewissens haben.

Um unser Gewissen jedoch erst einmal entstehen zu lassen, sind mehrere „Mitarbeiter" beteiligt. Genauer gesagt, gibt es fünf Faktoren, die es beeinflussen und verschiedenste Eigenschaften vorweisen: Der Wille, der Verstand, die Vernunft, das Gefühl und die Seele.[58]

---

[52] Anderson, Katja : Leben leben,Stuttgart 2012, S. 12.
[53] ebenda
[54] ebenda
[55] ebenda
[56] ebenda
[57] Gewissen,
URL: http://www.seele-und-gesundheit.de/exis/gewissen.html#1.2 (Stand: 18.02.2017).
[58] Sänger Monika (hrsg.): Abenteuer Ethik 3, CC. Buchners Verlag, 2013, S. 72.

Unser *Wille* ist geprägt von seinem Egoismus und seiner „Herrschsüchtigkeit." Er setzt es voraus, dass sich alle anderen Mitarbeiter nach ihm zu richten haben.

Unser *Verstand* zeichnet sich durch seinen ausgeprägten Bedacht aus und jeglichen Gefühlsregungen zeigt er die kalte Schulter.

Unser *Gefühl* ist sehr zurückhaltend und stellt sich oft in den Hintergrund. Des öfteren bekommt es Stimmungsschwankungen, aber es umfasst eine bedeutende Rolle unseres Tun und Handelns und ruft dazu auf, häufiger auf ihn zu hören und sich nach ihm zu richten.

Unsere *Vernunft* weist keinerlei Fantasie auf und tritt nach der Meinung des Gefühls viel zu oft auf. Sie regelt alles so, wie sie es für richtig hält.

Zuletzt gibt es da noch unsere *Seele*. Diese ist für ihre Intelligenz und Teamfähigkeit bekannt. Sie ruft ihre Kollegen dazu auf, zusammenzuarbeiten, um das bestmögliche Ergebnis unseres Denkens und Entscheidens zu erreichen. Sie ist die wichtigste Mitarbeiterin und Helferin unseres Gewissens.[59]

3.2 Funktionsweise des Gewissens nach Immanuel Kant

Die Zeit der Aufklärung war eine geistige Bewegung.[60] Es war die Epoche der Wissenschaftler, Forscher und Philosophen, die nach Antworten dutzender Fragen suchten. Fragen wie: „Was sind die ethischen Grundlagen für unser Handeln? Was sollen wir tun und lassen? Welche Prinzipien müssen wir Menschen – als Vernunftwesen – als moralischen Maßstab wählen?"[61] beschäftigten die damalige Gesellschaft ungemein. Die Zeit war vorbei, in der die Menschen nach Antworten sofort in die Bibel schauten und glaubten, was geschrieben war.[62]

Sein Leben lang reizte es Immanuel Kant Erkenntnis bezüglich des inneren Gerichtshofes des Menschen zu gewinnen. Er revolutionierte den damaligen Forschungsstand der Moralphilosophie enorm.[63]

---

[59] ebenda, S.72.
[60] Zeitalter der Aufklärung,
URL: http://immanuel-kant.net/philosophie-werke/zeitalter-der-aufklaerung (Stand: 18.02.2017).
[61] Die Moralphilosophie Immanuel Kants,
URL: https://www.getabstract.com/de/zusammenfassung/klassiker/kritik-der-praktischen-vernunft/4491/ (Stand: 18.02.2017).
[62] ebenda
[63] Immanuel Kant: Kritik der praktischen Vernunft
URL:
http://www.neuemoral.de/www_neuemoral_de/Philosophen/Immanuel_kant/Kant_und_Moral/kant_und_moral.html (Stand: 18.02.2017).

Das Gewissen als innerer Gerichtshof in uns. Mit dieser bekannten Bezeichnung, drückt er all diese inneren Konflikte, denen wir im Laufe unseres Lebens nicht ausweichen können, in einer Metapher aus. Das Gericht - ein Ort, an dem eine möglichst faire Entscheidung getroffen werden soll. Ein Ort, an dem sich Ankläger und Angeklagter gegenüberstehen.

Genauso läuft es auch in unserem Kopf ab, indem uns unser Gewissen dabei hilft, etwas gerecht und für uns gut ausgehend zu entscheiden. Jedoch stehen sich hierbei nicht zwei Personen gegenüber, denn unser Gewissen gehört schließlich nur uns selbst. Nach Kant spielt in diesem Fall der Mensch selbst die Rolle des Anklägers, sowie die des Angeklagten, das Gewissen selbst die des Richters.[64]

Kant definiert das Gewissen folgendermaßen: „Das Gewissen ist das Bewusstsein eines inneren Gerichtshofes im Menschen, vor welchem sich seine Gedanken einander verklagen oder entschuldigen."[65]

Um Kants Sichtweise der Moralentwicklung zu erkennen und zu verstehen, ist es unvermeidlich, seine berühmten Werke wie „Kritik der praktischen Vernunft" und „Kritik der reinen Vernunft" in Betracht zu ziehen. In der „Kritik der praktischen Vernunft" werden Kants Gedankengänge vor allem durch den „kategorischen Imperativ" deutlich. Dieser beinhaltet eine bestimmte Formel: „Handle nur nach derjenigen Maxime, durch die du zugleich wollen kannst, dass sie ein allgemeines Gesetz werde."[66] Als Maxime bezeichnet Kant das Prinzip, dass man gerade so handelt und nicht anders. Kant zufolge ist es einzig und allein der *gute Wille*, „welche(r) eine moralische Handlung gut heißt."[67] Bei einer Handlung zählt lediglich der *gute Wille*, den man erreichen muss, nicht etwa die Absicht oder das angestrebte Ziel des Tuns. Gleichermaßen irrelevant sei, mit welchem Gefühl man gehandelt hat. Ob man in dem Moment der Tat Schadenfreude, Entschlossenheit oder Macht gefühlt hat, spielt somit keine Rolle für die Beurteilung, ob das Getane moralisch richtig oder falsch war.[68]

Dennoch kommt es in der Realität nicht selten vor, dass wir den *guten Willen* einer Person nicht erkennen und diese daraufhin als unmoralisch einstufen.[69]

---

[64] Das Gewissen als innerer Gerichtshof,
URL: https://prezi.com/v_m7rqt0lhco/das-gewissen-als-innerer-gerichtshof/ (Stand: 18.02.2017).
[65] ebenda
[66] Immanuel Kant: Kritik der praktischen Vernunft
URL:
http://www.neuemoral.de/www_neuemoral_de/Philosophen/Immanuel_kant/Kant_und_Moral/kant_und_m
oral.html (Stand: 18.02.2017).
[67] ebenda
[68] ebenda
[69] Einführung in Immanuel Kants Moralphilosophie, Daniel Nöthen, 28. August 2011,
URL: http://danielnoethen.de/KI.pdf (Stand: 15.02.2017).

Dieser *gute Wille* sei jedoch erst dann wirklich gut, wenn eine Handlung *aus Pflicht* getan wird. Allerdings trennt Kant die beiden Begriffe pflichtmäßig und etwas aus Pflicht tun und entscheiden. Wenn man etwas tut, das pflichtmäßig sei, strebe man nach einem bestimmten Ziel, beispielsweise um Macht zu erreichen. Dazu zählen ebenso Taten, die für uns einen bestimmten Nutzen bringen und wir davon profitieren werden. Man entscheidet zweckmäßig. Laut Kant seien derartige Handlungen moralisch nicht gut. Im Kontrast dazu steht eine Tat, die ohne Hintergedanke, Ziel oder jegliches Vorhaben getan wird. „Nur eine Handlung aus Pflicht ist moralisch gut."[70]

Anhand dieses Beispiels können wir diese Behauptung besser verstehen: Eine Freundin von uns zieht in den nächsten Wochen in eine neue Wohnung, sodass sie momentan mitten im Umzugsstress steckt. Wir denken darüber nach, ihr ein wenig unter die Arme zu greifen. Helfen wir ihr *pflichtmäßig,* so haben wir einen bestimmten Hintergedanken dabei, wie etwa die Hoffnung, dass sie uns ebenfalls einmal helfen würde. Wir handeln mit einer Absicht, genauer gesagt mit der Absicht der Gegenseitigkeit. Würden wir unserer Freundin andernfalls *aus Pflicht* helfen, so hätten wir bei der Entscheidung kein festes Ziel oder Vorhaben im Kopf gehabt. Wir würden zu keinem Zeitpunkt daran denken, ob unser Tun bestimmte Vorteile für uns mitbringen würde.

Immanuel Kant betont zudem besonders die *Freiheit* als wesentlich für unsere Moralentwicklung. Sie sei die absolute Voraussetzung dafür, eigene moralische Werte zu entwickeln und diese in unserem Leben zu befolgen und danach zu entscheiden.[71] Wahrscheinlich scheint dieses Argument für uns sehr überzeugend zu sein, denn erst dann, wenn wir ein freier Mensch ohne pikante Einschränkungen sind, können wir uns individuell entwickeln, eigene Meinungen bilden und somit persönliche spezifische moralische Normen schaffen. Wir urteilen als freie Person über eine Tat, die im Bezug auf unsere selbst gewählten Prinzipien sittlich oder unsittlich ist.

Gewiss gibt es zahlreiche Kritiker des „kategorischen Imperativs". Einige bemängelten Kants Abstraktheit bezüglich seines Erklärens, andere, dass er bestimmte Emotionen, wie Liebe, Rache oder Hass, als Gründe und Ursachen für moralisches Handeln völlig unausgesprochen ließ. Seine einzige Begründung für moralisch richtige Taten ist das Einhalten der Pflicht.[72]

Trotz allem bleiben Kants Werke bis heute bedeutungsvolle Bestandteile der Ethik.

---

[70] Immanuel Kant: Kritik der praktischen Vernunft
URL:
http://www.neuemoral.de/www_neuemoral_de/Philosophen/Immanuel_kant/Kant_und_Moral/kant_und_m
oral.html (Stand: 18.02.2017).
[71] ebenda
[72] ebenda

3.3 Aktueller Forschungsstand

Wenn wir nun also über die Funktionsweise unseres Gewissens Bescheid wissen, liegt die Frage nahe, wie der aktuelle Forschungsstand überhaupt aussieht. Denn wir Menschen verändern uns von Jahrzehnt zu Jahrzehnt. Vor 100 Jahren wären wir nicht so gewesen, wie wir es heute sind, hätten anders entschieden, anders gehandelt.

Vorerst lässt sich sagen, dass der aktuelle Forschungsstand so komplex und kompliziert ist, dass es selbst Fachleuten schwerfällt, die Übersicht über all den Forschungen und Informationen zu behalten, die sich über Jahrzehnte von verschiedensten Neurologen und Psychologen angehäuft haben. Hinzu kommt, dass es bis heute Streitpunkt ist, wann die Biologie aufhört und wann der Geist, die Psyche des Menschen anfängt.[73] Das heißt, die Frage ist, welche Entscheidungen verdanken wir unserer Evolution oder unserer vererbten Gene, welche unserem individuellen Verstand, den wir mit der Zeit immer weiter entwickeln. Demnach führt heutzutage kein Weg an der Zusammenarbeit von Neurowissenschaftlern, Psychologen und Philosophen vorbei, um dem Geheimnis unserer inneren Stimme auf den Grund zu gehen. „Vorbei die Tage, als Philosophen psychologische Zeitschriften hinter neutralen Umschlägen versteckt lesen mussten, um ihr (…) Interesse an den neusten (…) Forschungsresultaten zu verbergen."[74]

Wer ist dafür verantwortlich, dass wir uns eben so verhalten, wie wir uns verhalten? Ist es tatsächlich Vererbung oder steckt da viel mehr dahinter, wie etwa unsere Erziehung, die wir als kleine Kinder jahrelang genossen haben. Oder sind es die zahlreichen Erfahrungen, aus denen wir Jahr für Jahr gelernt haben.[75]

Betrachten wir beispielsweise einen Amokläufer. Er hinterlässt ein riesiges Blutbad, eine Menge von fassungslosen, trauernden Angehörigen. Gleichzeitig werden tausende von Menschen im Irak bombardiert. Warum fügen Menschen andern Menschen Gewalt zu, warum töten sie, warum sind sie machtsüchtig, gewaltsam? Im Gegensatz dazu: Wieso sind andere nett, offen, hilfsbereit und einfühlsam? Werden uns solche Charaktereigenschaften von Geburt an gegeben?

Um diesen Fragen auf den Grund zu gehen, untersuchte man das Gehirn eines Mörders und das eines polizeilich unauffälligen Menschen, während man ihnen Aufgaben gab. Das Ergebnis war, dass man tatsächlich erhebliche Unterschiede feststellen konnte. Wurden Aufgaben gestellt, die bestimmte Gefühle und Emotionen auslösen sollten, so blieb bei dem Mörder die zuständige Hirnregion deutlich „kühler" als die des beliebigen Menschen.[76]

---

[73] Frank Ochmann: Die gefühlte Moral. Berlin, 2008, S. 13.
[74] ebenda, S. 67.
[75] ebenda, S. 28.
[76] ebenda, S. 16.

Wie können wir gut und böse unterscheiden und somit eine moralische Entscheidung treffen? Soviel steht fest: gut und böse sind unvereinbar und wir werden weder als guter, noch schlechter Mensch geboren. Es existiert außerdem kein Gen, welches uns freundlich oder unfreundlich werden lässt. Wir werden sozusagen „neutral" geboren. Hierbei können wir uns unser Herz vorstellen, welches genau in der Mitte geteilt ist. Die eine Hälfte ist gut, die andere böse. Demzufolge entwickeln wir unseren Charakter.

Wie Psychologen derzeit der Ansicht sind, ist unser moralisches Gewissen von unseren Umweltfaktoren abhängig. Dazu gehört, mit welchen Menschen wir unsere Zeit verbringen, welche Wohnverhältnisse uns prägen, in welcher Stadt, in welchem Land wir leben und ob wir in einer Beziehung oder alleinstehend sind. Überdies hat man ein Experiment gemacht: eineiige Zwillinge, die exakt dieselbe DNA besitzen, wohnen an zwei völlig unterschiedlichen und weit entfernten Wohnorten, haben komplett andere Lebensumstände. Nach vielen Jahren stellt man fest, dass sie sich zu unverwechselbaren Individuen entwickelt haben. Das beweist, dass nichts, was in der DNA geschrieben steht, Einfluss auf unser Handeln und Entscheiden nimmt. Und trotzdem müssen unsere Erbanlagen und Umwelteinflüsse zusammenspielen, um unseren individuellen Charakter zu bilden, welcher für unsere Entscheidungen und Handlungen großen Einfluss nimmt.[77]

„Unsere Psychologie basiert auf komplexen und anscheinend unendlichen Wechselwirkungen zwischen all unseren Genen der Umwelt, sowie unsere Zivilisation auf den Wechselwirkungen zwischen uns allen beruht."[78]

Eine ebenfalls bedeutende Rolle der Moralentwicklung spielt für viele Menschen der Glaube. „Christen stellen sich vor, was Jesus an ihrer Stelle getan hätte und finden so guten Gewissens durchs Leben."[79] Somit hat man eine religiös fundierte Moral verfasst: „Erkenne den Willen deines Gottes, deute ihn dann für eine bestimmte Lebenssituation, in der du dich entscheiden musst, und dann handle entsprechend, auf dass du in den Himmel kommst."[80]

Aber wie entsteht unser Gewissen, Denken, Wollen und Handeln, wenn wir an keinen Gott glauben und es das Gen nachweislich also nicht gibt?

An dieser Stelle spielt die Erfahrung eine bedeutende Rolle. Habe ich eine schlechte Erfahrung gemacht, so handle ich bei der nächsten ähnlichen Situation vollkommen anders, weil ich eventuell gemerkt habe, dass ich danach Schuldgefühle, Reue gespürt habe oder wie meine Mitmenschen reagiert haben. Ich bemühe mich, moralisch zu handeln.[81]

---

[77] ebenda, S. 47.
[78] ebenda, S. 26.
[79] ebenda, S. 18.
[80] ebenda, S. 19.
[81] ebenda, S. 47.

Zum Beispiel: Es ist Sonntag Abend und ich weiß, dass ich morgen eine wichtige Mathe-Arbeit schreiben werde, die über meine Endnote entscheidet. Dennoch habe ich das ganze Wochenende kein einziges Mal in meinen Hefter geschaut und war den Tag zuvor bis spät in die Nacht feiern. Demzufolge bin ich jetzt so übermüdet, dass ich nur noch in mein Bett möchte. Am nächsten Tag ist die Arbeit so schlecht gelaufen, dass später die schlechtere Note auf dem Zeugnis steht. Ich habe ein schlechtes Gewissen und ärgere mich. Doch bei der nächsten Arbeit lasse ich die Party ausfallen, weil ich etwas daraus gelernt habe.

Ebenfalls ist man auf die Erkenntnis gekommen, dass Menschen einen anderen Menschen als unmoralisch oder unsittlich einstufen, sobald dieser gegen die allgemeinen Sitten verstößt.[82] Ein Beispiel: Ein Mann, der mitten im Leben steht, verheiratet ist, eine Tochter hat und soeben erst ein Haus mit großem Garten kaufte, in dem es sich die kleine Familie gemütlich und ein schönes Leben machen kann, krempelt von den einen auf den anderen Tag sein komplettes Leben um. Er verlässt Frau und Kind. Er hat eine andere Frau, wendet sich von all seinen Freunden und den Rest seiner Familie ab, möchte keinen Unterhalt für seine Tochter zahlen, die er doch eigentlich so liebt. Er hinterlässt ein Feld voller Unverständnis, Wut und Trauer. Wo hat dieser Mann sein Gewissen gelassen? Wie kann er die zwei Menschen, denen er ein glückliches Leben versprach, von jetzt auf gleich zurücklassen? In nächster Zeit sucht er den Kontakt zu seiner Tochter, will mit ihr ins Kino oder ein Eis essen gehen. Er steckt ihr in jedem Augenblick, in dem er sie sieht 10 Euro zu und schreibt ihr übertrieben nette Gute-Nacht-Nachrichten. Zugleich spielt er nach außen hin die glücklichste Person auf Erden, die keine ihrer Entscheidungen und Taten bereut. Man mag es kaum glauben, aber dieser Mann hat ein Gewissen. Ein sehr schlechtes, welches ihn nun für Minute zu Minute quälen lässt. Doch sein Stolz lässt ihn diesen inneren Schmerz überspielen.

In der Stadt wird geredet und gelästert, die Menschen können es in keinster Weise verstehen, da er gegen die allgemeinen moralischen Normen verstoßen hat. Er ist aus dem Käfig des gesellschaftlichen Ideals, was Heiraten, Kinder kriegen, ein heimisches Haus haben und bis ans Lebensende zusammen mit seinem Partner ein glückliches Leben führen, bedeutet, geradezu geflohen. Für die Leute ist er ein unmoralischer Mensch.

Heute ist man der Auffassung, dass „(e)ine Handlung (…) nur dann moralisch richtig (ist), wenn sie ein mindestens ebenso großes Übergewicht von den guten gegenüber den schlechten Folgen hervorbringt wie jede andere mögliche Handlungsalternative."[83] Unsere Entscheidungen können also ebenso schlechte Folgen mit sich bringen, nur, dass diese nie eine höhere Anzahl als die guten haben dürfen. Außerdem ist es von großer Bedeutung, dass man sich bei einer

---

[82] ebenda, S. 48.
[83] ebenda, S. 56.

Entscheidungssituation vorab sämtliche Alternativen und Möglichkeiten durch den Kopf gehen lässt und dann diese eine Option mit dem höchsten Grad an guter Folgen wählt. Nur dann sei eine Handlung in unserer heutigen Gesellschaft gut und moralisch richtig.[84]

Somit wurde die nächste Erkenntnis schon angesprochen: das Abwägen. Um die eine richtige Entscheidung zu finden, bleibt uns nichts anderes übrig, als abzuwägen.[85] In diesem Augenblick können wir ein zweites Mal das Beispiel des Mannes, der seine Familie verließ, betrachten. Bevor er diese Entscheidung für sich gefällt hatte, dachte er ständig darüber nach, wie es ohne seine Familie sein könnte, welche langfristigen Folgen das mit sich bringen wird und ob diese für ihn überwiegend vor- oder nachteilig sein werden. Über mehrere Wochen wägte er ab, war sich unsicher, bis er schließlich zu dem Entschluss gekommen ist, dass es für ihn ganz allein mindestens genau so viele gute Konsequenzen haben wird, wie schlechte. Ob dies für sein Umfeld genauso gilt, sei dahingestellt. Die Entscheidung traf er für sich ganz allein und gerade weil seine Mitmenschen daraus keine -oder weniger- gute Folgen sehen können, stufen sie ihn als unsittlich ein.

Bis heute ist die Gewissensbildung ein wichtiger Bestandteil der Psychologie, Neurologie und Philosophie und weiterhin wird nach neuen Erkenntnissen und Erklärungen geforscht.

Das menschliche Unbewusste wird immer Interesse wecken.

---

[84] ebenda, S.56f.
[85] ebenda, S. 72.

4 Fazit

Meiner Meinung nach gehört unser moralisches Gewissen zu einer der wichtigsten Faktoren für den Erhalt des Friedens, einer allgemeinen Ordnung und für die Entwicklung zu einer individuellen Person mit eigenen Werten.

Hätten wir dieses Gewissen nicht, so würden wir keine Rücksicht auf andere nehmen, es würde zu Streitigkeiten kommen und in vielen Entscheidungsdilemmas wären wir oft ratlos und unsicher.

Plagt uns das schlechte Gewissen, so kann sich das nicht nur psychisch, sondern genauso körperlich auswirken. Nicht umsonst sagt man: „Ein reines Gewissen ist wie ein sanftes Ruhekissen."[86] Wir haben den Willen, moralisch zu handeln, und schlaflose Nächte, dröhnenden Kopfschmerzen und innerer Unruhe möglichst zu umgehen. Dennoch möchte ich anmerken, dass wir nicht perfekt sein können und es fast unmöglich ist, dem schlechten Gewissen völlig auszuweichen. Das ist keinesfalls eine Schande, denn früher oder später werden uns Gewissensbisse zugute kommen, indem wir daraus lernen und es besser machen werden. Nicht ohne Grund heißt es, dass das wirklich Gute im Menschen sein schlechtes Gewissen sei.

Ob ein Mensch unmoralisch oder moralisch handelt, ist aus meiner Sicht eine subjektive Wahrnehmung und individuell unterschiedlich, da wir alle eigene moralische Werte im Laufe unseres Lebens entwickeln und diese vor allem von unserem Umfeld abhängig sind.

Ich denke, dass wir bei Entscheidungssituationen verstärkt auf unsere inneren Stimmen hören, achten und sie in unsere Beschlüsse bewusst einbeziehen sollten.

Das moralische Gewissen entlastet uns enorm, gibt uns eine überwältigende Orientierungshilfe. Es weist uns unseren Lebensweg.

Zu diesem Zeitpunkt könnte man damit beginnen, über das besondere Zusammenspiel unseres Gewissens mit der Goldenen Regel der Ethik: „Was du nicht willst, dass man dir tu, das füg' auch keinem andern zu." zu philosophieren.

Vielleicht ein weiteres Thema für eine Facharbeit...?

---

[86] Der Mensch - das faszinierende Wesen, Martin Bartonitz, 24.09.2014
URL: https://faszinationmensch.com/2014/09/24/ein-reines-gewissen-ist-ein-sanftes-ruhekissen/ (Stand: 18.02.2017).

Quellen- und Literaturverzeichnis

Bücher:

1. Gulyga, Arsenij: Immanuel Kant: Eine Biographie. Suhrkamp, Frankfurt am Main 2004
2. Ochmann, Frank: Die gefühlte Moral. Ullstein, Berlin 2008
3. Kner, Anton: Gewissensbildung heute. Seelsorge Verlag, Freiburg i. Br. 1970
4. Anderson, Katja: Leben leben. Ernst Klett Verlag GmbH , Stuttgart 2012
5. Sänger, Monika (hrsg.): Abenteuer Ethik 3, CC. Buchners Verlag, 2013

Internetquellen:

1. Biografie - Immanuel Kant, URL: http://immanuel-kant.net/biografie (Stand 04.02.2017).
2. Immanuel Kant (1724 – 1804) – Steckbrief & Biographie,
   URL: https://freie-referate.de/geschichte/immanuel-kant-1724-1804-steckbrief-biographie
   (Stand: 04.02.2017).
3. Kritik der reinen Vernunft, in: Wikipedia, Die freie Enzyklopädie (24.11.2016),
   URL: https://de.wikipedia.org/wiki/Kritik_der_reinen_Vernunft#Entstehungsgeschichte
   (Stand: 04.02.2017).
4. Religionskritik der Aufklärung und ihre Folgen,
   URL: http://www.dober.de/religionskritik/kant.html (Stand: 08.02.2016).
5. Hähnel, Silvia: Das Zeitalter der Aufklärung: Der Glaube an die Vernunft,
   URL: https://www.helles-koepfchen.de/artikel/2862.html (Stand: 08.02.2017).
6. Immanuel Kant Philosophie Doku 3satde (03.06.2014),
   URL: https://youtu.be/3SxCDNSJwNU (Stand: 07.12.2016).
7. Maksan, Oliver: Stimme Gottes oder des Ichs? (04.02.2011),
   URL: https://de.zenit.org/articles/stimme-gottes-oder-des-ichs/ (Stand: 10.01.2017).
8. Stufen der moralischen Entwicklung nach Lawrence Kohlberg,
   URL: http://paedpsych.jk.uni-
   linz.ac.at/INTERNET/ARBEITSBLAETTERORD/ENTWICKLUNGORD/KohlbergModell
   .html (Stand: 26.01.2017).
9. Kohlbergs Theorie der Moralentwicklung, in: Wikipedia, Die freie Enzyklopädie
   (11.11.2016), URL:
   https://de.wikipedia.org/wiki/Kohlbergs_Theorie_der_Moralentwicklung (Stand:
   26.01.2017).
10. Eigenverantwortung als Voraussetzung für die Realisierung von Erwartungen (28.05.2005),
    URL: http://www.zum.de/Faecher/Eth/SA/stoff8/kohlberg.htm (Stand: 26.01.2017).

11. Gewissen, URL: http://www.psychologie-studieren.de/glossar/gewissen/ (Stand: 18.02.2017).

12. Schlechtes Gewissen: Wie Pflichtbewusstsein blockiert, URL: http://karrierebibel.de/schlechtes-gewissen/ (Stand: 17.02.2017).

13. Gewissen, URL: http://www.seele-und-gesundheit.de/exis/gewissen.html#1.2 (Stand: 18.02.2017).

14. Zeitalter der Aufklärung, URL: http://immanuel-kant.net/philosophie-werke/zeitalter-der-aufklaerung (Stand: 18.02.2017).

15. Die Moralphilosophie Immanuel Kants, URL: https://www.getabstract.com/de/zusammenfassung/klassiker/kritik-der-praktischen-vernunft/4491/ (Stand: 18.02.2017).

16. Immanuel Kant: Kritik der praktischen Vernunft, URL: http://www.neuemoral.de/www_neuemoral_de/Philosophen/Immanuel_kant/Kant_und_Mor al/kant_und_moral.html (Stand: 18.02.2017).

17. Das Gewissen als innerer Gerichtshof, URL: https://prezi.com/v_m7rqt0lhco/das-gewissen-als-innerer-gerichtshof/ (Stand: 18.02.2017).

18. Einführung in Immanuel Kants Moralphilosophie, Daniel Nöthen, 28. August 2011, URL: http://danielnoethen.de/KI.pdf (Stand: 15.02.2017).

19. Der Mensch - das faszinierende Wesen, Martin Bartonitz, 24.09.2014, URL: https://faszinationmensch.com/2014/09/24/ein-reines-gewissen-ist-ein-sanftes-ruhekissen/ (Stand: 18.02.2017).

20. Immanuel Kant 1724 - 1804, URL: http://www.dhg-westmark.de/immakant3.html (Stand: 08.02.2017).

21. Grundwissen Ethik 9. Klasse, URL: http://goneu.tcs.ifi.lmu.de/facher/ethik/dateien/grundwissen_ethik_9_111286535454_0.pdf (Stand: 26.01.2017).

BEI GRIN MACHT SICH IHR WISSEN BEZAHLT

- Wir veröffentlichen Ihre Hausarbeit,
  Bachelor- und Masterarbeit

- Ihr eigenes eBook und Buch -
  weltweit in allen wichtigen Shops

- Verdienen Sie an jedem Verkauf

Jetzt bei www.GRIN.com hochladen
und kostenlos publizieren